BEI GRIN MACHT SICH IHR WISSEN BEZAHLT

AF135978

- Wir veröffentlichen Ihre Hausarbeit, Bachelor- und Masterarbeit

- Ihr eigenes eBook und Buch - weltweit in allen wichtigen Shops

- Verdienen Sie an jedem Verkauf

Jetzt bei www.GRIN.com hochladen und kostenlos publizieren

Beobachtung und Dokumentation in der Pädagogik. Ein Portfolio

Fabio Eiden

GRIN

Bibliografische Information der Deutschen Nationalbibliothek:

Die Deutsche Nationalbibliothek verzeichnet diese Publikation in der Deutschen Nationalbibliografie; detaillierte bibliografische Daten sind im Internet über http://dnb.d-nb.de abrufbar.

ISBN: 9783346911971
Dieses Buch ist auch als E-Book erhältlich.

Druck und Bindung: Books on Demand GmbH, Norderstedt Germany
Gedruckt auf säurefreiem Papier aus verantwortungsvollen Quellen

Das vorliegende Werk wurde sorgfältig erarbeitet. Dennoch übernehmen Autoren und Verlag für die Richtigkeit von Angaben, Hinweisen, Links und Ratschlägen sowie eventuelle Druckfehler keine Haftung.

Das Buch bei GRIN: https://www.grin.com/document/1373878

Portfolio: Beobachtung und Dokumentation

Thema 1/8: **Die neuentdeckte Aktualität von Beobachtung und Do-**
kumentation in der Frühpädagogik

2. *Warum hatten Ihrer Ansicht nach die vorgestellten Studien zur Jahrhundert-*
   wende (Delphi, PISA, IGLU, Starting Strong) einen so großen Einfluss auf das
   Thema „Beobachtung und Dokumentation" in der Frühpädagogik? Begründen
   Sie Ihre Antwort.

Die Erhebungen, der Studien, spezielle der PISA-Studie begannen im Jahre 2000
und wird seit dem alle 3 Jahre wiederholt. Diese Studien untersuchen die
Kompetenzen der Schüler in den Bereichen mathematische Grundbildung, Lese-
kompetenz und naturwissenschaftliche Grundbildung. Bei der PISA-Erhebung steht
jedes Jahr eine andere Kompetenz im Schwerpunkt, im Jahre 2003 insbesondere die
Mathematik. Zusätzlich werden fächerübergreifende Kompetenzen erhoben (vgl.
Smolka, 2005: online).

Die Ergebnisse der Studien waren verheerend. Die Deutschen Schüler schnitten oft
unter dem Durchschnitt ab (vgl. ebd.), was viele am Schulsystem und überhaupt an
der Bildung in Deutschland zweifeln ließ, da man davon ausging und kommunizierte,
dass man eines der besten Bildungssysteme weltweit hatte.

Es fiel auf, dass die Bildungssysteme der anderen Länder die Förderung der in PISA
und anderen Studien Untersuchungen Kompetenzen besser gelang. In den anderen
teilnehmenden Ländern wurden diese Kompetenzen einfach früher gefördert, die
Schwächen der Kinder schneller erkannt und diese unabhängig der sozialen Her-
kunft ausgeglichen. Außerdem gelingt es in den anderen Ländern besser Spitzenleis-
tungen einzelner zu fördern, dies setzt auch voraus, das diese Begabungen frühzeitig erkannt werden und sie auf vielfältige weise zu fördern (vgl. Smolka, 2005:
online).

Das Erkennen von Schwierigkeiten, Lernschwächen oder besonderes Können und
die daraus resultierende Förderung für das einzelne Kind, oder einer Gruppe von
Kindern, kann die Ergebnisse bei solchen Studien verbessern. Gerade das Erkennen, das es früh geschehen muss, lässt schon erahnen, warum gerade auch die
Frühpädagogik in den Blick der verantwortlichen geriet. Die Kinder besuchen ab ei-

nem Alter von ca. 3 Jahren die Kindertageseinrichtungen und verbringen dort einen großteils des Tages. Durch das SGB VIII erhalten diese Einrichtungen auch einen Bildungsauftrag und zählen damit wie schulen zu Bildungseinrichtungen. Dieser Bildungsauftrag wurde allerdings nicht konsequent umgesetzt, so entstanden die schlechten Ergebnisse.

Die Frage war nun wie man die Kindertageseinrichtungen zu besseren Bildungseinrichtungen machen kann.

Die Beobachtung und Dokumentation bildet dort den zentralen Punkt. Durch eine regelmäßige Beobachtung und die Dokumentation der Beobachtungen, oder auch die Dokumentation des allgemeinen Lernprozesses in der Frühpädagogik machen Defizite bei den Kindern schneller und somit früher sichtbar für alle. Bei Erkennen dieser Defizite kann nun interveniert werden, um diese Defizite auszugleichen. Auch besondere Begabungen können so früher erkannt und gefördert werden.

Hier zählt der Satz aus dem Screencast: „Denn man kann nur fördern was vorher beobachtet wurde."

Thema 2/8: Begriffsbestimmung Dokumentation

3. *Diskutieren Sie folgende Aussage: „Die Dokumentation ist nicht nur in der Lebenswelt Kita bedeutsam, sondern kann auch für andere Lebensbereiche des Kindes von Wichtigkeit sein", d.h. stimmen Sie dieser Aussage eher zu oder weniger zu und begründen Sie Ihren Standpunkt diesbezüglich.*

Dieser Aussage stimme ich persönlich voll und ganz zu. Die Dokumentation kann und ist stellenweise ein wichtiges Element in der Lebenswelt von Kindern. Neben der Dokumentation in der Portfolioarbeit in der Kita, oder der Dokumentation der Beobachtungen, gibt es auch viele andere Bereiche, in denen sie Einzug gehalten hat.

Das dokumentieren, also das zusammenstellen und nutzbar machen von Dokumenten, Belegen und Materialien jeder Art (vgl. Duden, 2021: online) macht die Entwicklung von Kindern für sie selbst nachvollziehbar, im privat sowie im professionellen pädagogischen Bereich.

Die Dokumentation gilt sozusagen als externes Gedächtnis eines Menschen, sie kann Entwicklungen nachvollziehbar machen oder auch schöne Erinnerungen zurück ins Gedächtnis rufen. Im privaten Bereich können die Eltern des Kindes, oder die Kinder selbst Ausflüge, Urlaube oder besondere Aktivitäten des Kindes wie etwa das Reiten lernen dokumentieren. Dies kann auf verschiedenem Weg passieren. Wenn die Eltern im privaten Rahmen dokumentieren, geschieht dies meist in Form von Fotos und daraus erstellten Alben, diese können zu vielen verschiedenen Anlässen entstehen. Oft werden Fotobücher über das erste Lebensjahr des Kindes erstellt, so werden alle Entwicklungen und Ereignisse, wie das Kennenlernen des Familienhundes, in Bildform festgehalten. Oftmals werden die Alben mit Erreichen des 18 Lebensjahres an die Kinder übergeben, da sie nun erwachsen sind und sich so an die Zeit als Kinder zurückerinnern können. Es ist aber auch möglich besondere Ereignisse schriftlich festzuhalten in Tagebüchern, die für die Kinder angelegt werden. Dokumentation kann jedoch auch sein, die Größe des Kindes an den Türrahmen zu malen oder zu kennzeichnen, mit Datum versehen können die Kinder sehen, wie schnell sie wachsen. Das alles ist schon ein Teil von Biografiearbeit sein, welche immer auf die Zukunft ausgerichtet ist in der das Vergangene wahrgenommen, dadurch werden Begründungen eines Verhaltens ermöglicht. Die Biografiearbeit zeigt uns auch, warum die Zukunft Lebenswelt sein kann (vgl. Ruhe, 2014 : 33)

Man sieht, die Dokumentation ist nicht nur in der Kita von Bedeutung und kann auf alle Lebensbereiche übertragen werden. Die Kinder haben so später die Möglichkeit ihre Entwicklung nachzuvollziehen oder Erinnerungen zu erwecken.

4. *Sind Sie der Auffassung, dass eine Bildungspartnerschaft zwischen Kita und Schule und ein diesbezüglicher Rückgriff auf Dokumentationsunterlagen den Transitionsprozess des Kindes von der Kita in die Schule eher erleichtert oder erschwert? Begründen Sie Ihre Sichtweise.*

Zuerst ist zu erwähnen, dass die Zusammenarbeit zwischen Kindertageseinrichtung und der Grundschule im Kindertagesstättengesetz von Rheinland-Pfalz verankert und somit gefordert ist. Die Weitergabe von personenbezogenen Daten, wie unter anderem Beobachtungen und Portfolios, die das Kind betreffen, sind nur möglich, wenn die Eltern des Kindes ihre Einwilligung erteilt haben. Diese Zusammenarbeit kann eine große Chance für die Entwicklungsbegleitung eines Kindes darstellen (vgl.

LFDI, 2021: online).

Die Zusammenarbeit der beiden Institutionen stellt insoweit eine Chance dar, dass die Lehrer, die das Kind betreuen vorher schon über Besonderheiten oder etwaige Schwächen oder besonderes Können informiert werden. Sie müssen sich also diesen Erkenntnisstand nicht noch zusätzlich erarbeiten, sondern erhalten eine Grundlage zur Planung ihrer pädagogischen Arbeit.

Die Kinder können so durch die Schule, passend nach ihren Sozialkontakten in die unterschiedlichen Klassen aufgeteilt werden, so kann auch eine negative Beeinflussung seitens der Kinder im Lernprozess in der Schule unterbunden werden. Des Weiteren können die Lehrer, durch die frühere Planung ihrer Arbeit, die Kinder genau an ihrem Entwicklungsstand abholen und es so für sie einfacher gestalten.

Die Kommunikation und Zusammenarbeit von Kindertageseinrichtung und Schulen stellt also eine große Chance dar die Kinder optimal zu fördern und zu fordern.

Thema 3/8: Die zentralen Akteure im Kontext von Beobachtung und Dokumentation in Kindertageseinrichtungen

5. *Die Vorstellung, dass sich Bildung vermitteln ließe, findet sich im sogenannten „Instruktionsansatz" wieder. Stellen Sie diesen in seinen wesentlichen Grundzügen dar und geben Sie an, inwiefern dieser Sie in ihrer täglichen pädagogischen Arbeit (noch) tangiert.*

Zunächst erst mal die wesentlichen Merkmale des Instruktionsansatzes. Das Wort Instruktion kennzeichnet erst mal ein methodisch angeleitetes Lernen, der Instruktionsansatz legt also seinen Schwerpunkt auf die Gestaltung einer Lernatmosphäre, die vom Lehrenden geleitet wird. Im Instruktionsansatz, dominiert ein Bildungsverständnis das komplett auf dem Erwerb von Fakten und Grundlagenwissen sowie der Ausbildung kognitiver Fähigkeiten und basiert auf einem institutionalisierten und systematisch strukturierten Lernarrangements (vgl. Schäfer, 2003 : 2ff). Der Lehrende steuert also hierbei den Lernenden und strukturiert die Lernprozesse aktiv um zum von ihm gewählten Ziel zu gelangen.

Der Lehrende geht wie folgt vor. Zuerst präsentiert er die zu erlernende Fähigkeit, zusammen mit dem Lernenden modelliert er gemeinsam mit dem Schüler, das vorgehen. Die Fähigkeit wird dann vom Lernenden so lange geübt bis sich ein hoher Automatisierungsgrad erreicht und er sie beherrscht (vgl. Grosche, 2011: 148).

In meiner alltäglichen pädagogischen Arbeit kann es durchaus vorkommen, dass einem die direkte Instruktion begegnet. Sie ist nicht das Ziel unseres pädagogischen Handelns, jedoch kommt es in bestimmten Situationen vor.

Die direkte Instruktion lässt sich vor allem in der Vorschule sehen, hier lernen die Kinder das Alphabet und die Zahlen kennen. Dies wird oft zuerst von dem Lehrenden präsentiert und geschaut welchen Wissensstand die Kinder schon haben, durch ein Arbeitsblatt wird geübt den Buchstaben oder die Zahl zu schreiben, bis das Kind diese und ihre Schreibweise verinnerlicht hat. Des Weiteren kann man die direkte Instruktion auch im Sing- und Spielkreis mit den Kindern beobachten. Die Erzieher:innen wählen die Lieder oder Spiele aus und zeigen sie den Kindern, ihre Funktionsweise und regeln werden erklärt und danach so oft wiederholt bis die Kinder die Spiele spielen oder die Lieder auswendig singen können. Genauso ist das auch bei Gesellschaftsspielen der Fall, die Erzieher:in erklärt den Kindern die Spielregeln und spielt mit ihnen gemeinsam so lange bis die Kinder, die regeln können und das Spiel ohne Erzieher spielen können.

Der Instruktionsansatz ist also auch heutzutage noch viel und oft in den Einrichtungen vertreten und wird, wenn auch in abgeschwächter Form angewandt.

6. *Diskutieren Sie Pro- und Contra-Argumente zu folgender These: „Um die Kindertageseinrichtung als Bildungseinrichtung in den Vordergrund zu stellen, sollte man heutzutage die pädagogischen Fachkräfte nicht mehr als Erzieher*innen bezeichnen, sondern als Bildungsbegleiter*innen".*

In unserer Gesellschaft wird das Berufsbild des Erziehers noch immer falsch interpretiert und oft als Kinderbetreuer oder Animateur oder auch Basteltante abgetan. Oft fehlt es an Wertschätzung des Berufs. Auch durch die Berichterstattung der Medien wird oft ein falsches Bild vermittelt.

Kitas sind Bildungseinrichtungen und als diese im Gesetz verankert. In der Ausbildung zum Erzieher, Sozialassistent oder Sozialpädagoge wird vermittelt, das das ziel der modernen Elementarpädagogik ist, dass der Erwachsene das Kind bei seinem Bildungs- und Lernprozessen begleitet und nicht anweist. Die Herausforderung dabei ist, wahrzunehmen was das Kind in diesem Moment genau benötigt, das können verschiedenen Sachen sein, wie beispielsweise ein Impuls um weiterzumachen, eine neue Herausforderung eine Ermunterung oder auch einfach in Ruhe gelassen zu werden. Dazu sind Fachwissen sowie Empathie und auch Erfahrung für notwendig (vgl. Schrader, Dahle, 2008 : 25).

Durch die Bezeichnung als Bildungsbegleiter werden sich viele Vorteile versprochen, allen voran die Hoffnung, die Stigmata die mit der Berufsbezeichnung einhergehen abzulegen. Das ablegen dieser negativen Klischees könnte durch die Änderung der Berufsbezeichnung geschehen und dadurch das ansehen des Berufes steigern. Die Pädagogen würden mehr Anerkennung und Wertschätzung erfahren, da diese Bezeichnung auch einen der wichtigsten aufgaben von Erzieher:innen aufgreift, das Bilden der Kinder. Außerdem ergibt sich durch die Berufsbezeichnung eine andere interessante Gegebenheit. Durch die Bezeichnung als Bildungsbegleiter:in wird der erwachsene, nicht wie beim Wort Erzieher, dem Kind gleichgestellt. Dies ist auch Ziel von Janusz Korczak, der eine Einfühlsame, demokratische und humane Pädagogik verfolgte (vgl. Granitschnig, o.J. : online). Die andere Bezeichnung vermittelt also auch weniger Macht über das Kind und kennzeichnet die Unterstützung des Erwachsenen für das Kind.

Jedoch kann die Änderung der Bezeichnung auch negative Seiten haben. Die Erzieher:innen könnten durch diese Änderung vermehrt unter Druck geraten, mehr als sie es so oder so schon sind. Die Erwartungen der Gesellschaft würden sich erhöhen und für die Pädagogen eine zusätzliche Belastung darstellen. Die größeren Erwartungen können jedoch teilweise jetzt schon nicht immer vollends erfüllt werden, da auf einen Erzieher immer mehr Kinder in einer Einrichtung kommen und so nicht jedes Kind die gleiche Aufmerksamkeit bekommen kann, das wird zusätzlich durch fehlendes Fachpersonal und großen Krankenstand befördert. Durch den erhöhten Druck geraten die Erzieher mehr als zuvor in die Risikogruppe für Burnout und so würde die Änderung der Berufsbezeichnung die Gesundheit der Beschäftigten nicht gut tun.

Thema 4/8: Inhaltliche Bestimmung grundlegender Begrifflichkeiten

8. *Setzen Sie sich mit einer der „Formen systematischer Beobachtungen" näher gehend auseinander und führen Sie die damit zusammenhängenden Vor- und Nachteile an.*

Die systematische Beobachtung steht unter anderem im Mittelpunkt der Arbeit in Kindertageseinrichtung, da sie die Erziehungspartnerschaften zwischen Eltern und Fachpersonal transparent gestalten können. Die Beobachtungen ergeben, gemeinsam mit Interviews, Fotos, Kommentaren oder anderen Aufzeichnungen und kreativen Produkten der Kinder eine „Bildungsbiografie" oder „Bildungsdokumentation". Diese geben Einblicke in die Entwicklungs- und Lernprozesse des Kindes (vgl. Kühnert et al., 2020: 7).

Systematisch zu beobachten bedeutet, dass man sich vorher genau festlegt, was man beobachtet, wann man beobachtet und wo man beobachten möchte (vgl. Stangl, 2021: online).

Die systematische Beobachtung kann in unterschiedlicher Form durchgeführt werden, je nachdem wie es die Situation und der Rahmen in dem sie geschieht erlaubt. Diese Formen werden anhand folgender Dimensionen differenziert: Direktheit, Strukturierungsgrad, Transparenz, Involviertheitsgrad der Beobachterrolle, Ort der Beobachtungssituation und dem Gegenstand der Beobachtung (vgl. Thierbach, Petschick, 2019: 1166). Näher beschäftigen möchte ich mich jetzt mit der teilnehmenden Beobachtung.

Die teilnehmende Beobachtung ist das Gegenteil einer nicht-teilnehmenden Beobachtung, bei der Beobachtende eine Situation von außen Beobachtet und beurteilt. Bei der teilnehmen Beobachtung wird dem Beobachter eine Rolle innerhalb der Situation gegeben, beispielsweise es soll eine Spielsituation beobachtet werden und der Beobachter spielt mit dem zu beobachteten Kind mit und übernimmt so eine soziale Rolle innerhalb der Beobachtung. Dies kann noch mal unterscheiden werden in „Beobachtender als Teilnehmer", „Teilnehmender als Beobachter" und „vollständig Partizipierender". Die Rollen können während der Beobachtung allerdings auch wechseln (vgl. Thierbach, Petschick,2019: 1167).

Diese Rolle innerhalb der Beobachtung und die Handlung mit dem Kind birgt einige Vor- aber auch Nachteile. Ein Vorteil besteht darin, dass man als aktiver Part der Situation ein sehr natürliches verhalten vom zu Beobachtenden erhält und dieser sich nicht verstellt. Da man als Beobachter sehr nah am Geschehen ist und so den bestmöglichen Eindruck der Situation hat, dabei kann er alle Aspekte selbst wahrnehmen und direkt einordnen. Es besteht so die Möglichkeit, so bisher unbekannte Aspekte zu entdecken.

Jedoch bergen die Teilnahme am Geschehen auch Nachteile, der vielleicht größte und offensichtlichste Nachteil ist es, das durch die Teilnahme die Ergebnisse beeinflusst und somit verfälscht werden können. Dies kann auch ohne Beaufsichtigung geschehen, da man den zu Beobachtenden gegeben, falls zu einer Handlung drängen oder provozieren kann, indem man dem „gewünschten" Verhalten entsprechend handelt. Des Weiteren kann durch die Teilnahme eine starke Identifikation mit dem zu Beobachtenden einhergehen, dadurch ist man als Beobachter nicht mehr unbefangen und verliert die professionelle Distanz und auch das Ziel aus den Augen (vgl. Thierbach, Petschick, 2019: 1167).

Die teilnehmende Beobachtung kann also gelingen, soweit man sich den Gefahren bewusst ist.

Thema 5/8: Bildungs- und Lerngeschichten – Teil 1

9. *Begründen Sie folgende These in differenzierter Weise: „Die Bildungs- und Lerngeschichten sind ein ressourcenorientiertes Beobachtungs- und Dokumentationsverfahren".*

Die Methode der Bildungs- und Lerngeschichten baut auf dem Grundgedanken auf, der Individualität eines Individuums in seiner Gesamtheit gerecht zu werden. Der Unterschied zu einer Entwicklungs- oder Fähigkeitsprüfung, welche nach standardisierten Kriterien erfolgen, liegt darin, in welcher Form die Lernprozesse und Lernfortschritte eines Kindes verlaufen. Bei den Bildungs- und Lerngeschichten wird nach den momentanen Interessen und Ressourcen des Kindes gesucht um die optimalen Form der Unterstützung zu ermitteln. Helfen tut dabei, dass die Lerngeschichten auch Situationsmerkmale in der Beschreibung aufgreifen, welche beim Lernerfolg geherrscht haben (vgl. Fläming et. al., 2008 :34ff).

Zur Strukturierung tragen die in den Bildungs- und Lerngeschichten verwendeten Lerndispositionen, diese sind differenzierte und komplexe Handlungs- und Orientierungsmuster, welche die Bereitschaft und Fähigkeiten ausdrücken mit der sich die Kinder mit neuen Anforderungen befassen und daran teilhaben. Es werden dabei fünf verschiedenen Lerndispositionen unterschieden. Die erste bezieht sich auf das Interesse, welches das Kind an der neuen Aufgabe zeigt, die zweite wie engagiert es ist und ob es selbständig neue Wege zur Bewältigung findet und ausprobiert. Die dritte Lerndisposition dreht sich darum wie das Kind mit auftretenden Schwierigkeiten umgeht und ob es versucht diese selbständig oder mit Hilfe zu lösen, oder ob es aufgibt. In der vierten, wird aufgegriffen ob das Kind sich mit anderen Verständigt und Mitteilt und wie das Kind kommuniziert, die fünften und letzten in den Bildungs- und Lerngeschichten vertretenen Lerndisposition betrifft die Bereitschaft des Kindes an einer Lerngemeinschaft mitzuwirken und dort Verantwortung zu übernehmen. Die Fokussierung auf diese Lerndispositionen dienen dazu, die Ressourcen der Kinder in der Beobachtung zu entdecken und darzustellen. Die Lerndispositionen helfen dabei, die Ressourcen des Kindes genauso zu betrachten, wie die Situation in denen es diese zeigt und die Entwicklung dieser begünstigt (vgl. ebd.).

Aufgrund ihrer Orientierung an den Ressourcen eines Menschen, bieten die Bildungs- und Lerngeschichten eine gute Chance die Lernvorschritte und Wege von Kinder mit besonderem Förderbedarf zu dokumentieren. Sie bieten auch den Eltern, Erziehern und den Kindern Selbst einen besseren Einblick in die Fortschritte und macht diese für alle transparent, da man nur so optimal fördern kann. Sie ermöglichen dabei in besonderem Maße das das Kind, seine Kompetenzen und die situativen Bedingungen genau betrachtet werden. Es wir hinsichtlich der Zugehörigkeit, des Wohlbefinden, der Exploration, der Kommunikation und der Partizipation differenziert und alles wird in den Blick genommen (vgl. ebd.).

Gerade für Kinder mit Beeinträchtigungen stellt sie dadurch eine sehr gute Möglichkeit der Lerndokumentation dar, da sie so positive Rückmeldung über ihre eigenen Stärken erhalten und sich selbst als selbstwirksam erleben können und so ihre Entwicklung zusätzlich unterstützt wird. Die Bereiche in denen das Kind Förderbedarf hat werden natürlich nicht ignoriert, aber es geht in erster Linie darum was ein Kind bereits kann und wie es Sachen verbessert hat und das wissen der Selbstwirksamkeit neue Entwicklungen begünstigen kann. Es gilt der Grundsatz „ Stärken stärken und Schwächen schwächen", da die Kinder nur positive Rückmeldung erhalten, zu den dingen die sie schon können und die sie verbessert haben, statt immer nur die Defiziten zu fokussieren. Das schon genannte erfahren der Selbstwirksamkeit und das daraus resultierende Selbstwertgefühl, können nur entstehen wenn das Kind merkt das es etwas erreichen und bewirken kann (vgl. ebd.).

Thema 7/8: Beobachtungs- und Dokumentationsverfahren – Teil 1

13. *Erklären Sie mit eigenen Worten, was Schäfer unter der „Pädagogik des Innehaltens" versteht und für wie wertvoll sie diesen Ansatz für die pädagogische Praxis in der Kindertageseinrichtung? Argumentieren Sie sorgfältig*

Die Pädagogik des Innehaltens beruht darauf, dass der Erwachsene sich selbst zurücknimmt und dem Kind Raum und Möglichkeit gibt, dass die Kinder sich selbst Beteiligen können. Die Handlungen sollen vom Kind aus gehen, dafür ist es notwendig, dass das Kind Neugierde und Freude an der Aktivität zeigt und mitbringt. Der Moment des Namensgebenden „Innehaltens", verhindert das die Fachkraft auf das Kind mit vorgefertigten Handlungsmustern eingeht, sondern ermöglicht dem Kind aus seinen eigenen Erfahrungen zu lernen.

Die Fachkraft versucht dem Kind, den Raum zu geben, die Dinge selbst auszuprobieren und seiner Aktivität den Vortritt zu lassen, indem sie nicht eingreift. Dadurch wird das Wissen des Erwachsenen zurückgestellt und eine umfangreiche Beteiligung des Kindes an seinem eigenen Bildungsprozess ermöglicht. Die Fachkraft muss sich also auf die Aktivität des Kindes einlassen, so lernt sie auch etwas über die Denkwege des Kindes und kann die Handlungen im besten Falle nachvollziehen und nachempfinden. Wichtig ist dabei das sie einen sicheren Rahmen schafft, in dem das Kind sich ausprobieren kann und auch Fehler in Ordnung sind. Auch wichtig ist das die

Fachkraft sich den Möglichkeiten des Kindes anpasst und den Rahmen dem Kind entsprechen gestaltet so, das dieses seinen eigenen Weg finden kann.

Wichtig in der Pädagogik des Innehaltens, ist die wahrnehmende Beobachtung, welche es ermöglicht die Bildungsprozesse der Kinder wahrzunehmen und auf die kindliche Initiative angemessen zu antworten. Sie ist ein alltägliches Instrument der pädagogischen Arbeit im Sinne der Pädagogik des Innehaltens. Diese Form der Beobachtung ermöglicht die Orientierung der pädagogischen Arbeit an den Möglichkeiten und Ressourcen des Kindes, sie ist ein Bestandteil der Pädagogik, die auf die Tätigkeiten und Interessen der Kinder achtet (vgl. Alemzadeh, 2016 : 40ff).

Der Ansatz von Schäfer kann gerade in der heutigen Zeit sehr wertvoll für die alltägliche pädagogische Arbeit sein. Gerade in der offenen Arbeit, welche heute in den meisten Kindertageseinrichtungen praktiziert wird kann man diesen Ansatz hervorragend umsetzten. Durch die Gestaltung der Funktionsräume können die Kinder die Räume nutzten die ihre derzeitigen Bedürfnisse erfüllen. Die Möglichkeiten Aktivitäten zu lösen ist durch die üppigere Ausstattung der Funktionsräume bezogen auf ihre Themengebiete besser und ermöglicht den Kindern mehr Freiraum und Möglichkeiten zur Lösung ihrer Herausforderungen.

In der heutigen Zeit wird vielen Kindern vieles abgenommen, sie kommen oft gar nicht mehr dazu eigenen Erfahrungen zu machen. Der Ansatz des Innehaltens gibt genau diesen Kindern die Möglichkeiten sich selbst auszuprobieren, ohne das ein Erwachsener sich mit einbringt und seine vorgefertigte Handlungslösung mitteilt, um ihn auf den, für den Erwachsenen, richtigen wegleitet. Die Kinder erfahren dadurch auch eine Selbstwirksamkeit, können aber trotzdem mit Problemen zu den Fachkräften kommen. Diese sollten dann der Situation gemäß handeln, aber auch das Kind ermutigen es selbst noch mal zu versuchen oder mit dem Kind gemeinsam Möglichkeiten erarbeiten. So kann die Kreativität des Kindes gefordert und genutzt werden da es so auch aus seiner eignen Tätigkeit heraus lernen kann.

Der Ansatz kann nicht nur für das Kind von Vorteil sein, auch für die pädagogische Fachkraft gibt es positive Eigenschaften, die damit einhergehen. Durch das Zurücknehmen seiner eigenen Vorstellungen erlebt man völlig neue und kreative Lösungen, die einem auch neue Wege für einen selbst zeigen können.

Zusammenfassend lässt sich sagen, dass der Ansatz der Pädagogik des Innehaltens wertvoll für die Arbeit im pädagogischen Alltag ist. Er lässt die Kinder zu Akteuren ihres eigenen Lernens und ihrer Entwicklung werden, da sie eigenständig ohne Zutun anderer Probleme lösen müssen und dabei selbst Dinge ausprobieren. Sie werden also zu selbstständigen Menschen erzogen, die bei für sie nicht lösbaren Problemen auch auf den Erwachsenen zugehen können, um Hilfe zu verlangen. Denn auch die Erkenntnis das man bestimmte Sachen nicht selbst machen kann, ist ein Schritt vorwärts im Lernprozess.

Thema 8/8: Beobachtungs- und Dokumentationsverfahren – Teil 2

15. *Worin sehen Sie Vor- und Nachteile der Merkmalsorientierten Beobachtungsverfahren im Vergleich zu den Prozessorientierten Beobachtungsverfahren?*

Die merkmalsorientierten Beobachtungsverfahren sind Verfahren, die nach einem Idealbild eines Kindes beurteilen. Sie erfassen standardisierte Merkmale von Verhalten und Kompetenzen des Kindes, in den verschiedenen Entwicklungsbereichen. Sie werden beispielsweise bei der Einschätzung der Schulfähigkeit eingesetzt (vgl. Viernickel, 2016: online). Die Ausgangslage ist sozusagen das perfekte Kind und die entsprechenden Entwicklungen, die es zu den optimalen Zeitpunkten erreicht. Die Kinder werden danach beurteilt, ob sie die wichtigen Entwicklungsschritte schon erreicht haben oder nicht.

Prozessorientierte Beobachtungsverfahren, basieren auf einer wertfreien Beschreibung von Alltagssituationen. Sie orientieren sich dabei an erkenntnisleitenden Fragen und zielen darauf ab Interessen, Weltzugänge und Sinngebungen der Kinder zu erkennen und diese in Verbindung mit dem Bildungsprozess zu bringen und zu verstehen (vgl. Viernickel, 2016: online).

Im Gegensatz zu prozessorientierten Beobachtungsverfahren besitzen die merkmalsorientierten Vorteile aber auch Nachteile, die sie mit sich bringen.

Ein Vorteil ist, dass die Kinder vergleichbar werden und so eine Einteilung zu bestimmten Gruppen besser funktioniert, beispielsweise wenn es um die Schulfähigkeit geht. Die Standardisierung hilft dabei, das auch nicht gut erfahrendes Personal die Beobachtung durchführen kann, da sie genau sieht, was sie ankreuzen kann und keine Interpretation von Verhalten gewünscht ist.

Jedoch weisen sie auch Schwächen gegenüber den prozessorientierten Beobachtungsverfahren auf, vor allem wenn es um die situative Betrachtung geht. Die merkmalsorientierten Verfahren betrachten nur Kompetenzen der Kinder und hinterfragen es nicht, in den prozessorientierten Verfahren werden die Handlungen des Kindes in Relation mit der Umgebung gestellt und begründet, warum das Kind so gehandelt haben könnte. Die prozessorientierten Verfahren haben also eine viel umfangreichere und genauere Beobachtung vonnöten. Durch die Standardisierung der merkmalsorientierten Beobachtungsverfahren, kann die Fachkraft am Tag schnell hintereinander oder sogar Parallele Kinder dokumentieren, da es oft nur ankreuz Bögen sind, die vorgefertigte antworten haben. Dadurch lässt sie sich nicht richtig auf das Kind ein und übersieht eventuell wichtige Punkte, da sie nur auf die vorgegebenen Kompetenzen schaut und andere ignoriert.

16. *Worin lägen potenzielle Risikofaktoren, wenn man in den Kindertageseinrichtungen ausschließlich auf Screening-Verfahren rekurrieren würde?*

Screening-Verfahren, gelten als sogenannte Frühwarnsysteme. Man kann durch sie frühzeitig Defizite in der Entwicklung von Kindern erkennen. Es ist immer das Ziel diese Defizite frühzeitig zu erkennen, um dagegen zu wirken, um die gewünschte Entwicklung zu fördern (vgl. Stangl, 2021 (1): online) Sie sind systematische Testverfahren, die eingesetzt werden, um innerhalb der definierten Überprüfungsbereiche bestimmte Eigenschaften einzuordnen und daraus auf die Entwicklung zu schließen (vgl. ebd.). Angestrebt wird ein Überblick über die aktuelle „Leistungsfähigkeit" eines Kindes. (vgl. o.V., 2021: online). Bei einer Auffälligkeit ist immer eine genaue Abklärung durch eine ausführliche Diagnostik notwendig und gesundheitliche Probleme auszuschließen (vgl. Viernickel, 2016: online).

Ein Risikofaktor des Rekurrieren nur über Screening-Verfahren wäre, das die Beobachtungen nur zu bestimmten Zeitpunkten erfolgen würden und so im Alltag Auffälligkeiten nicht beachtet werden. Da Screening verfahren meist auf eine bestimmte Kompetenz angewendet werden, wie etwa die Sprache, rücken andere Kompetenzen in den Hintergrund, obwohl sie vielleicht zusammenhängen könnten. Eine ganzheitliche Analyse bleibt also aus. Die Screening-Verfahren halten nur einen Moment fest und schauen nicht auf die gesamte Entwicklung, evtl. gab es in der Vergangenheit Fortschritte, die so nicht beachtet werden. Beispiel das Kind läuft nicht allein hier wird dann außer Acht gelassen, da es ja erst seit 2 Monaten krabbelt und die Entwicklung in diesem Bereich möglicherweise langsamer ist als in anderen Bereichen, in denen es vielleicht optimal abschneidet.

Literatur

Alemzadehl M. (2016) Zwischen aufmerksamer Zurückhaltung und bewusstem handeln – Das wahrnehmende Beobachten – in der offenen Arbeit besonders wichtig, In: Die Kindergartenzeitschrift 43 I 2016 (S.40 - 43)

Duden (2021) die Dokumentation, online: https://www.duden.de/rechtschreibung/Dokumentation (zuletzt besucht: 11.08.2021)

Flämig K., Benjamin Musketa B., Pac I. (2008) Die Begleitung und Unterstützung von Kindern mit besonderem Förderbedarf mit "Bildungs- und Lerngeschichten", In: 03.2008 in Gemeinsam leben (ISSN
0943-8394) Ausgabe 1(2008) (S. 34-36)

Garnitschnig K. (o.J.) Die Organsiation einer humanen Schule nach Janusz Korczak, online: https://www.janusz-korczak.at/archiv/artikel/ (zuletzt besucht: 14.08.2021)

Grosche M. (2011) Effekte einer direkt-instruktiven Förderung der Lesegenauigkeit. Empirische Sonderpädagogik, 2, Lengerich: Pabst Science Publisher

Kühnert S., Merker M., Oehme G., Petzold C., Uhlig U. (2020) Systematische Beobachten und Dokumentieren, Kiel: Ministerium für Bildung und Frauen des Landes Schleswig-Holstein

LFDI (2021) Datenschutz in der Kita antworten für Erziherinnen und Erzieher, online: https://www.datenschutz.rlp.de/de/themenfelder-themen/datenschutz-in-der-kita-fragen-und-antworten-fuer-erzieherinnen-und-erzieher/ (zuletzt besucht: 14.08.2021)

o.V. (2021) Screening-Verfahren, Heidelberg: Spektrum Akademischer Verlag online: https://www.spektrum.de/lexikon/psychologie/screening-verfahren/13750 (zuletz besucht 17.08.2021)

Ruhe H.G. (2014) Praxishandbuch Biografiearbeit, Weinheim: Beltz Juventa

Schäfer, G. E. (2003) Bildung beginnt mit der Geburt - Förderung von Kindern in den ersten sechs Lebensjahren, Berlin: Cornelsen

Schrader, Dahle (2008) Kindergarten & Hort erfolgreich leiten In: Kindergarten & Hort erfolgreich leiten, Ausgabe 4, 04/2008, München: OLZOG Verlag GmbH

Smolka D. (2005) Pisa – Konsequenzen für Bildung und Schule, In: Politik und Zeitgeschichte-Bildungsreformen, BPB, online: https://www.bpb.de/apuz/29164/pisa-konsequenzen-fuer-bildung-und-schule?p=all (zuletzt besucht 10.08.2021)

Stangl, W. (2021) (1). Stichwort: 'Screening – Online Lexikon für Psychologie und Pädagogik'. Online Lexikon für Psychologie und Pädagogik. online: https://lexikon.stangl.eu/3414/screening (zuletzt besucht 17.08.2021)

Stangl W. (2021) Stadartisierte Beobachtung, online: https://lexikon.stangl.eu/10759/standardisierte-beobachtung (zuletzt besucht:14.08.2021)

Thierbach C.,Petschick G. (2019) Beobachtung, In: N. Baur und J. Blasius (Hrsg.) (2019) *Handbuch Methoden der empirischen Sozialforschung, Wiesbaden: Springer Fachmedien (S. 1165 – 1180)*

Viernickel S. (2016) Beobachtungsansätze in der Frühpädagogik, Hannover: Niedersächsisches Institut für frühkindliche Bildung und Entwicklung online: https://www.nifbe.de/component/themensammlung?view=item&id=212:beobachtungsansaetze-in-der-fruehpaedagogik&catid=57:beobachtung-und-dokumentation-reflexion-und-auswertung (zuletzt besucht: 17.08.2021)